Tiburones ballena

Nico Barnes

Visit us at www.abdopublishing.com

Published by Abdo Kids, a division of ABDO, PO Box 398166, Minneapolis, Minnesota 55439.

Printed in the United States of America, North Mankato, Minnesota.

072014

092014

Spanish Translators: Maria Reyes-Wrede, Maria Puchol

Photo Credits: Getty Images, Glow Images, Minden Pictures, Shutterstock, Thinkstock

Production Contributors: Teddy Borth, Jennie Forsberg, Grace Hansen

Design Contributors: Dorothy Toth, Renée LaViolette, Laura Rask

Library of Congress Control Number: 2014938914

Cataloging-in-Publication Data

Barnes, Nico.

[Whale sharks. Spanish]

Tiburones ballena / Nico Barnes.

p. cm. -- (Tiburones)

ISBN 978-1-62970-362-6 (lib. bdg.)

Includes bibliographical references and index.

1. Whale sharks--Juvenile literature. 2. Spanish language materials—Juvenile literature. I. Title.

597.3--dc23

2014938914

Contenido

El tiburón ballena

¡El tiburón ballena es el pez más grande del mundo!

A los tiburones ballena les **gusta** vivir en aguas cálidas. Se los encuentra normalmente cerca del **ecuador**.

Los tiburones ballena pueden ser de color café, gris o azul.

El tiburón ballena tiene manchas y rayas. Su panza es blanca.

Al igual que los demás tiburones, los tiburones ballena no tienen huesos. Sus esqueletos están hechos de **cartílago**.

Alimentación

El tiburón ballena tiene muchas filas de dientes. Sin embargo, no los usa para masticar.

El tiburón ballena abre su enorme boca para que entre agua y comida. Expulsa el agua por las **branquias** y se traga la comida.

La comida favorita del tiburón ballena es el **krill**.

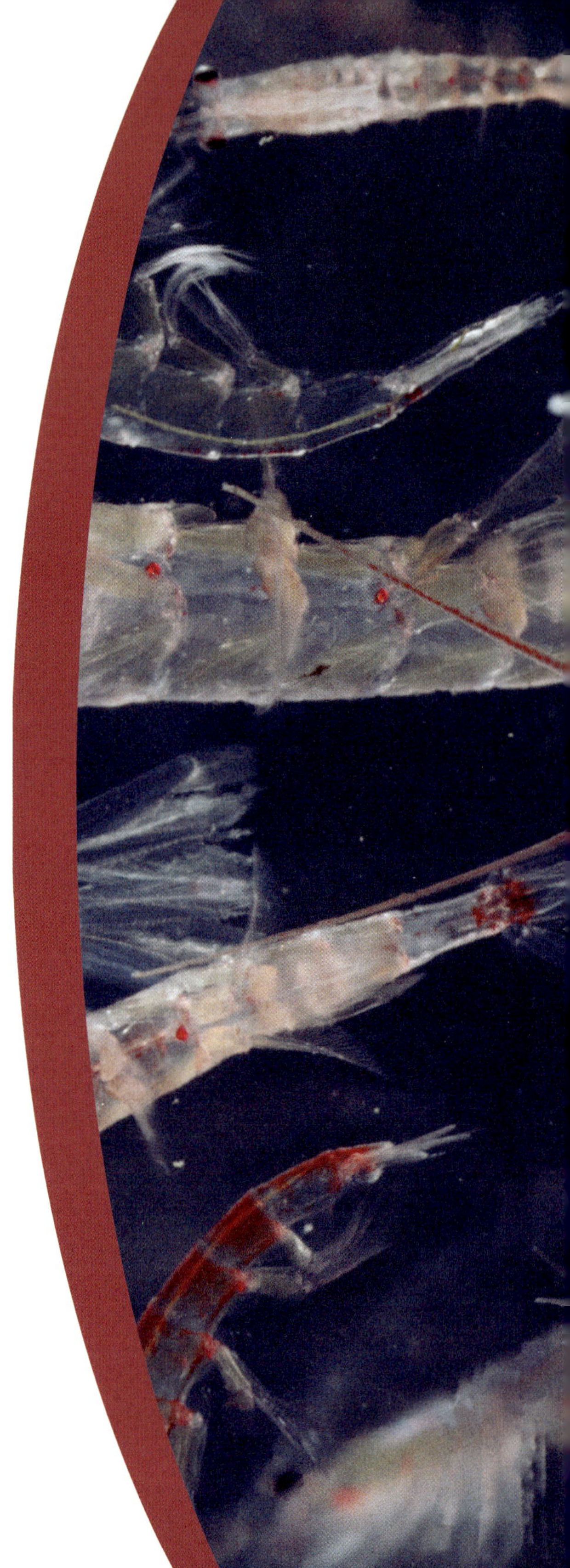

Crías de tiburones ballena

A los tiburones ballena recién nacidos se los llama **crías**. Viven solos desde que nacen.

Más datos

- Los tiburones ballena son enormes. Son casi del tamaño de un autobús escolar. ¡Algunos incluso son más largos!

- El tiburón ballena se mueve lentamente. Solamente nada a 3 mph (5 km/h).

- Los tiburones ballena son inofensivos para los humanos. Los buzos pueden nadar cerca de ellos.

Glosario

branquia – órgano que ayuda a algunos animales a respirar bajo el agua.

cartílago – tejido elástico y fuerte. Las orejas y la nariz están hechas de cartílago.

cría – animal recién nacido.

ecuador – círculo imaginario alrededor de la Tierra, a la que divide en dos partes iguales.

gustar – disfrutar de algo.

krill – pequeños crustáceos de mar abierto.

Índice

abdokids.com

¡Usa este código para entrar a abdokids.com y tener acceso a juegos, arte, videos y mucho más!

Código Abdo Kids: SWK0687